D1450774

Laurène Petit

UN AMOUR DE
CAPRICORNE

(22 décembre - 19 janvier)

DELCOURT

© 1993 GUY DELCOURT PRODUCTIONS
Tous droits réservés pour tous pays.

Dépôt légal : avril 1993. I.S.B.N. : 2-906187-94-1.

Conception graphique : TRAIT POUR TRAIT
P.A.O. : François Fourrier

Les illustrations de cet ouvrage ont été réalisées par
Didier CASSEGRAIN (couverture),
Fabrice PARME (dessins des angelots, et p.12-15, 26, 27, 48),
Christian CASONI (p. 3, 16-19, 44-47), JOAN (p. 4, 5, 30-33),
Matthieu ROUSSEL (p. 34-41), Nicolas SPINGA (p. 29),
François SAN MILLAN (p. 6-11, 21, 22-25, 43).

Achevé d'imprimer en mars 1993 sur les presses
de l'imprimerie LESAFFRE à Tournai, Belgique.
Relié par AGM à Forges-les-Eaux.

SOMMAIRE

Comment approcher, amadouer, et finalement apprivoiser l'étrange animal nommé Capricorne ? Tout simplement en suivant notre guide, pas à pas…

Vous venez de vous rencontrer ? Le coup de foudre a frappé ? Vite, lisez ce qui suit :

Les choses sérieuses commencent ? Pas de panique, nous avons tout prévu :

Toujours ensemble après tout ce temps ? En route pour le long terme :

PORTRAIT ROBOT

Sous ses dehors glacés, il peut être capable d'embrasements carrément volcaniques : à l'inverse de l'omelette norvégienne, lui, il est froid dehors et chaud dedans !

A la recherche de la Vérité essentielle, il a beaucoup de mal à entendre les frétillements futiles et bavards du monde...
Ça l'ennuie au-delà de toute expression...

Secret, réservé, silencieux, il est au milieu des autres tout en étant en exil , comme un prince sans royaume...

Adorant raisonner, classifier, discipliner ses idées comme celles des autres, c'est un enseignant né ! Et pas toujours très commode, les divers petits chantages affectifs fonctionnant sur lui comme un cautère sur une jambe de bois...

Profondément solitaire, il donne souvent l'impression de pouvoir sans problème se passer de l'amour de l'autre. Voilà qui ajoute à son aura de mystère.

Très stable, il déteste les chamboulements intempestifs ! Il préfère construire jour après jour son destin, plutôt que de le jouer à quitte ou double dans aventures douteuses...

PORTRAIT ROBOT

A force de patientes observations, le Capricorne connaît bien la nature humaine et ne s'illusionne plus sur elle : il ne faut donc pas s'attendre à des élans d'enthousiasme optimistes de sa part...

Naturel, il va droit au but, et ne s'embarrasse d'aucune circonvolution de langage pour s'exprimer. On peut le trouver rustre, il est en tous les cas parmi les plus redoutablement efficaces du zodiaque...

Le Capricorne ne compte pas sur la chance pour réussir : comme un marathonien, il sait que c'est pas à pas, foulée après foulée, opiniâtrement, qu'il atteindra la ligne d'arrivée...

Réfléchi, il ne s'engage pas à la légère. Aussi, lorsqu'il passe la bague au doigt de sa fiancée, il lui reste toujours fidèle.

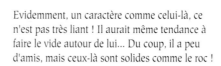

Evidemment, un caractère comme celui-là, ce n'est pas très liant ! Il aurait même tendance à faire le vide autour de lui... Du coup, il a peu d'amis, mais ceux-là sont solides comme le roc !

Comme la chèvre de montagne, son animal totem, le Capricorne veut grimper au sommet de sa montagne à lui : et tous les moyens lui seront bons pour y arriver!

5

SÉDUIRE UN CAPRICORNE

SÉDUCTION MODE D'EMPLOI

Les coups de folie qui le font se pâmer

■ Faites un concours de silence ! Si vous tenez votre langue plus de trois jours, il vous épousera la semaine qui suit !

■ Proposez-lui un séjour d'un mois dans un monastère tibétain, où vous aurez réussi à réunir un panel de têtes bien pleines et bien faites, du philosophe au physicien, du politicien à l'écologiste.

■ Mettez un masque et une cape noire, faites-le enlever à la pleine lune, et enfermez-vous avec lui dans votre studio transformé en geôle improvisée : là, vous le ferez fondre de désir sans jamais le toucher...

Quelques idées cadeaux

■ Un abonnement à vie à la meilleure bibliothèque des environs.

■ Des livres anciens, philosophiques ou scientifiques, des essais ou des classiques littéraires.

■ Des objets utiles pour la maison (il déteste les gadgets en toc qui font briller l'inutile). Préférez les matériaux nobles : cuir, bois, grès...

■ Des recettes de cuisine saines, cuisson vapeur et céréales complètes, c'est un ascète convaincu !

■ Une sculpture classique ou ethnique en pierre, bois ou bronze...

■ Une fourrure ou un vêtement en cuir sobre et de très bonne coupe.

■ De l'argent : il estime qu'on n'est jamais mieux servi que par soi-même !

SÉDUIRE UN CAPRICORNE

Dans quel restaurant

Vous avez sûrement un bon restaurant végétarien ou macrobiotique dans le coin : très souvent, il adorera cette ambiance calme, sans flon-flons, réservée à un remplissage intelligent de l'estomac en vue d'une meilleure santé. Il pense fortement que "l'on est ce que l'on mange", qu'il ne faut pas se gâter la digestion en vains bavardages à table, et que la plupart des mélanges soi-disant artistiques ne sont bons qu'à fragiliser nos intestins. Bref, ce n'est pas un poète alimentaire...

Vous le croyez ronchon ? Meuh non ! Allumez une chandelle ou deux, regardez-le dans les yeux et comprenez ; sa plus belle nourriture, ce soir, c'est vous...

Une soirée type

A priori, il recherchera l'intimité d'un petit restaurant de quartier où l'on peut être à l'abri des regards, suivi d'un film d'auteur dans une salle réservée à quelques initiés mais où vous découvrirez de vraies merveilles inconnues du grand public. Il peut aussi choisir de vous entraîner dans son antre : là, il vous montrera ses livres rares, ses fameux disques "blue note" introuvables, il se tricotera de longs silences, une confiance à l'endroit, deux soupirs à l'envers ; et puis peut-être, d'un coup, vous ferez l'amour...

SÉDUIRE MONSIEUR

Il est difficile de séduire un Capricorne, parce que tous les trucs habituels, du battement de cils aux poses langoureuses, lui font autant d'effet que du mercurochrome sur une jambe de bois ! Lorsqu'il décide d'aimer, c'est en toute lucidité, avec sa tête, et surtout pas sur une simple attirance physique. Alors, soyez sobre, intelligente, raisonnable et très calme. Oubliez les scènes passionnelles, les rires de gorge, les hurlements de contentement au milieu d'une foule de copains... Collez-vous la langue au palais s'il le faut, habillez-vous sobrement, voyez-le seul à seule, chez vous, et accueillez-le dans un appartement cosy-homy au possible, avec un repas "bien de chez nous" fumant sur la table, et, tout en mangeant, demandez-lui conseil sur la bonne marche de votre travail : il adore se sentir indispensable. Soyez franche avec lui, ayez l'air orga-

nisé, efficace, et ne parlez jamais pour ne rien dire : il ne vous raterait pas ! Ensuite, une fois qu'il sera rassuré sur votre capacité à assumer le quotidien, transformez-vous en sirène et tricotez-lui le kamasoutra avec l'art d'une courtisane : si vous trouvez le feu sous la glace en plus du reste, il ne vous lâchera plus !

Où le trouver ?

Le Capricorne se chasse loin du vacarme des foules et de la vie moderne : il faut le chercher, le mériter, en quelque sorte, puisqu'il ne se donne pas à voir ! Cherchez les vrais lieux de culture, les clubs un peu fermés et élitistes, les antichambres du pouvoir, à l'affût ; ne négligez pas l'argent : il est un puissant appât pour le Capricorne qui aime le gérer et le faire fructifier. Regardez près du fauteuil du P. D. G. de cette grosse firme d'industrie lourde, il n'est peut-être pas loin... Regardez aussi près des facultés d'histoire, d'archéologie, d'écologie ou d'ethnologie. Et puis, demandez son signe à votre psychanalyste...

Et son type de femme ?

A priori, elle doit avoir une patience angélique pour supporter des soirées entières dans un silence complet où il semblera l'avoir totalement sortie de sa mémoire ! Il ne veut pas d'histoires, et attend d'une femme qu'elle l'aide à couler des jours tranquilles, dans la sécurité affective nécessaire à ses ambitions personnelles ! Alors surtout pas d'évaporée, de pasionaria ou de lolita qui accaparerait son temps : l'amour doit être

SÉDUIRE UN CAPRICORNE

une sorte d'arrangement à deux, une entraide intelligente pour reprendre des forces et assurer une vie bien remplie ! Il aimera souvent qu'elle soit plus âgée que lui, espérant qu'avec l'âge, elle n'ait plus besoin de ces insupportables preuves permanentes d'affection...

Quelle sera sa tactique ?

Un ours polaire en pleine hibernation réussirait sans peine à être plus entreprenant que lui ! Il semble avoir l'éternité pour lui, et il séduit par cette espèce de distance qu'il prend avec les êtres qui l'entourent. Et du coup, il donne l'impression de n'avoir besoin de personne pour vivre, ce qui est très dur à assumer pour le partenaire éventuel qui ne peut pas jouer sur la gamme affective et sensible des passions habituelles. Il veut plaire sans artifices, par lui-même, et non par la futilité, les illusions du charme à tout prix.

SÉDUIRE MADAME

Elle n'avance qu'en terrain sûr, cette chèvre des montagnes ! Car elle déteste l'idée de tomber et de se faire mal... Tomber amoureuse constitue pour elle un risque majeur de perte de contrôle d'elle-même, et elle ne peut que très difficilement l'envisager ! Alors, pour l'apprivoiser, montrez-lui que vous voulez aussi être son ami, devenez un témoin calme et bienveillant de ses états d'âme - pas de panique, elle ne sait pas s'étaler ! - et restez aussi un peu mystérieux, un brin inaccessible,

juste pour le fantasme ! Bien sûr, tout ça ne sert à rien si vous ne lui faites pas vibrer les neurones : elle ne cherche pas un intello évaporé, elle veut une intelligence bien ancrée dans le réel. Parlez de votre vie professionnelle et montrez-en les aspects matériels sans fausse pudeur ; elle aime parler d'argent, et surtout de la façon de le faire fructifier. Soyez ambitieux, drôle, bousculez-la un peu, mais ne vous moquez jamais d'elle, même gentiment ! Montrez-lui ce qui vous plaît en elle : sincèrement, elle ne le sait pas, et c'est bien dommage...

Où la trouver ?

Au calme, là où il est possible de penser sans être sans cesse interrompu : dans un nid d'aigle, dans une grotte ou plus banalement chez

SÉDUIRE UN CAPRICORNE

elle, derrière son double vitrage ! Comme son homologue masculin, elle a beaucoup d'ambition et se fait volontiers l'éminence grise des postes-clés, quels qu'ils soient ! Mais avant d'aller à l'Elysée ou à Matignon, jetez un coup d'oeil à la bibliothèque : la fille cachée derrière une pile de bouquins épais, c'est sans doute elle...

Et son type d'homme ?

Elle attire, à cause de la maturité qui émane d'elle, les hommes-enfants, un peu fragiles. Mais elle, elle rêve d'un être adulte, très mystérieux aussi, avec lequel elle aura l'impression de tout partager sans avoir à s'expliquer, dire, raconter, ce qu'elle ne sait pas faire. Intelligent, franc, solide comme un roc, il doit avoir de l'ambition et un compte en banque sérieux pour faire face à toute éventualité. Et aussi, il sera très sensuel...

Quelle sera sa tactique ?

Celle du glaçon fumant ! Distante, fraîche dans ses propos, efficace et un peu raide, elle sait distiller une sensualité de contraste ! Lorsqu'elle veut plaire, il faut qu'elle impressionne. Juchée sur des talons aiguilles de 20 cm, en caleçon lycra et superbe pull long coupé au moins - dirait-on - par Dior ou Saint-Laurent, elle assure ! Une classe folle. Elle aura l'air de vous repousser, de sa voix grave et posée, et pourtant, vous aurez senti comme un appel... Sous la glace, elle commence à distiller le feu, presque malgré elle ! Et vous serez sous le charme de cette femme de tête, forte, simple, impressionnante de présence et pourtant si effacée.

SÉDUIRE LE ZODIAQUE

Vous êtes Capricorne, voici ce qu'il vous faut savoir des autres signes pour mieux les séduire.

BÉLIER

Allez, forcez-vous à lui offrir plus de dix mots par vingt-quatre heures, sinon, il va fuir... Et cessez de refuser toutes ses invitations à dîner avec ses amis (très nombreux, c'est vrai !), sous prétexte que cette bande de hurleurs superficiels vous casse les oreilles... Faites mieux, organisez une soirée et invitez-le, lui, avec vos amis à vous : d'accord, ce sont plutôt des calmes, mais ce qu'aime le Bélier, c'est la rencontre, connaître des gens différents de lui... Acceptez ses emballements sans le doucher à chaque fois d'un air trop raisonnable qui rendrait dépressif un pinson ! Avec l'aide de votre attirance physique mutuelle, tout se passera très bien, vous verrez, peut-être même un peu vite pour vous si votre fougueux compagnon prend les choses en mains !

TAUREAU

Il a tout pour vous plaire, ce Taureau-là, travailleur, sérieux, fidèle, bref, tout à fait ce qu'il vous faut auprès de vous. En plus, vous sentez bien que sa sensualité pourrait réveiller vos volcans intérieurs. Seulement voilà : pour le séduire, il faudra un minimum faire fondre la glace qui vous entoure, et apprendre par coeur un mot clé et les gestes qui vont avec : câlins ! Le taureau est un gourmand qui ne se contente pas de l'idée de l'amour, il lui faut du palpable, du concret... sinon, il se dessèche ! Alors câlinez, apprenez à bavarder (pas besoin d'être futile pour ça) et surtout, ne le rendez pas jaloux : il perdrait toute sa bonhommie...

GÉMEAUX

On dirait une tortue face à un oiseau-mouche : il a beau vous faire la danse du ventre, vous ne le voyez même pas, vous vivez dans deux temps différents. Il aura le temps de vous écrire toute une love story, rupture comprise et Kleenex intégrés, et vous, vous commencerez à peine à distinguer l'irrésistible fossette qui anime sa joue gauche... Pour lui plaire, il va vous falloir accélérer votre temps intérieur, et apprendre par coeur une demi-douzaine de ragots à lui servir tout chauds pour qu'il se régale... Vous allez aussi devoir supporter ses amis (nombreux) et le manque d'intimité que leurs mondanités imposent... Vous allez vivre un cocktail plus que détonant ! Vous voulez toujours essayer ?

SÉDUIRE LE ZODIAQUE

Vous êtes Capricorne, voici ce qu'il vous faut savoir des autres signes pour mieux les séduire.

CANCER

Allez, devenez aussi tendre qu'un loukoum à la rose, votre froideur naturelle lui donnerait l'impression d'être pris dans une tempête en plein Atlantique ! Il adore l'intimité, c'est vrai, mais si vous l'invitez à dîner chez vous, faites un effort et soignez la présentation, sa gourmandise, allumez des chandelles, mettez de la musique mais surtout... parlez ! Votre silence l'effraie, le noie, il se sent complètement abandonné à la porte de vos réflexions... Faites l'effort du ludique, vous verrez que ce n'est pas si superficiel que ça en a l'air : et peu à peu, en apprivoisant votre petit crabe, c'est vous qui serez pincé lorsqu'au fond du lit, il vous fera découvrir les mille et un délices de ses nuits...

LION

Vous le tenez parce que vous n'avez pas peur de lui, que vous lui montrez et que ça, ça l'intrigue vraiment, lui qui était habitué à se faire obéir au moindre rugissement... Cultivez cet aspect mystérieux, et prouvez-lui que vous pouvez devenir son éminence grise : qu'il brille s'il veut, mais pas n'importe comment ni avec n'importe qui ! On ne lui aura jamais parlé comme ça ! Si en plus vous lui montrez les élixirs aphrodisiaques que vous préparez dans votre alambic intérieur, alors là, il sera totalement séduit... Vous êtes un roc, un iceberg sur lequel il n'arrive pas à se faire les griffes : ou bien il s'enfuit, ou bien il se laisse dompter, admiratif ! Encouragez-le quand même régulièrement, la dépression, ça leur rend la crinière terne, à ces Lions...

VIERGE

Vous n'avez pas grand-chose à faire pour lui plaire au début, juste être naturel ! Pas trop dur, hein ? Vous savez admirablement la mettre en confiance, vous ne la bousculez pas, vous vous intéressez à elle et non pas à ce qu'elle pourrait montrer d'elle, vous attachant plus à l'essence des êtres qu'à leur apparence, bref, vos deux intelligences roucoulent sitôt mises en présence ! Vous pouvez l'emmener en vacances en organisant tout à l'avance, ou à la campagne, donnant du temps au temps, comme vous aimez le faire : au fond, la séduire, c'est presque vous faire plaisir... Mais sur un plan sensuel, vous devrez quitter votre masque glacé, car elle serait trop inhibée : elle a besoin que vous la mettiez en confiance pour être capable de déclencher un feu d'artifice en vous deux...

SÉDUIRE LE ZODIAQUE

Vous êtes Capricorne, voici ce qu'il vous faut savoir des autres signes pour mieux les séduire.

BALANCE

Ne sortez pas tout de suite le filet à papillon pour l'attraper, elle a tant besoin de vous aimer en toute liberté... ! Faites-lui des compliments, elle n'y résiste pas plus qu'une abeille résiste au miel, et elle viendra vous en demander encore, encore plus près... Avant d'aller la voir, détendez-vous, faites de la méditation ou avalez un euphorisant, mais essayez à tout prix d'être plus gai et plus léger que d'habitude, surtout en compagnie. Bannissez toute vulgarité de votre vocabulaire, apprenez à offrir des fleurs, et écoutez-la sans moraliser. Et surtout, quoi qu'il arrive, n'élevez pas la voix, elle jouerait les courants d'air pour disparaître de votre vue...

SCORPION

Vous vous sentez si bien d'emblée avec lui, peut-être parce que vous n'êtes pas obligé de parler, ni de paraître : du coup, vous deviendrez plus bavard qu'à l'accoutumée et vous allez orienter la conversation dans les profondeurs de l'être, là où il aime regarder, avec même une sorte de voyeurisme ! Faites-le dévoiler un peu de ses marécages intérieurs, pour qu'il se rende bien compte que vraiment, non seulement ça ne vous effraie pas, mais qu'en plus il peut vous les confier sans crainte, vous sauriez sûrement l'aider à s'en extirper ! Il va adorer votre côté vieux sage, baroudeur de l'âme. Mais si en plus vous glissez dans tout ça la petite flamme de l'érotisme, mine de rien... vous allez provoquer un incendie que vous serez d'ailleurs ravi d'éteindre tout en couvant les braises...

SAGITTAIRE

Il a l'air bohème, mais il a aussi un fond très classique. Et c'est par là que vous saurez le prendre... Il est très flatté que vous l'observiez vivre avec un tel plaisir, car il adore se sentir admiré, c'est sa faiblesse... Ne vous fâchez pas quand il vous coupe la parole, vous assène des vérités pas très mesurées, pas très réfléchies... Devenez son compagnon d'aventures, accompagnez-le dans ses galops d'essai, achetez-lui un billet pour une destination inconnue à n'ouvrir qu'en plein vol, emmenez-le dîner dans des lieux incroyables faits de saveurs totalement exotiques, et surtout, surtout, n'oubliez pas de lui montrer à quel point son physique sportif vous intéresse... de très près... ! Vous aurez ainsi de folles cavalcades... en chambre, ce que vous préférez nettement aux autres...

SÉDUIRE LE ZODIAQUE

Vous êtes Capricorne, voici ce qu'il vous faut savoir des autres signes pour mieux les séduire.

CAPRICORNE

Vous allez vous reconnaître au premier coup d'oeil, et avec un grand bonheur : enfin quelqu'un avec qui parler vraiment, et qui n'ouvre pas la bouche pour encrasser la conversation de ces banalités de supermarché faites uniquement pour briller faussement le temps d'une soirée... Miroirs l'un de l'autre, vous allez vous délecter à le séduire... comme vous-même auriez aimé l'être ! Balades silencieuses, nid d'aigle où vous referez le monde ensemble, en le voyant de très haut, comme les sages d'autrefois, exigence pointilleuse face au corps, sans concession. Votre rencontre sera celle des titans, roc contre roc, et de l'extérieur, personne ne verra qu'il se passe pour vous l'exceptionnel ! De l'élitisme pur...

VERSEAU

Même déguisé en courant d'air, pour lui plaire, vous ne seriez pas très crédible ! Il faut bien en être conscient, l'entreprise de séduction sera dure pour vous... Déjà, il vous faudra écouter sans bouillir toutes ses utopies qui vous semblent aussi intéressantes qu'un oeuf de poule de batterie ! Vous essaierez de trouver quelques suggestions à apporter dans son cercle d'amis sur la vivisection, l'art moderne au Paraguay ou la disparition du coléoptère à rayures vertes dans le sud Tyrol ! Essayez de faire de la méditation zen, bouquinez sur des sujets neufs, dévorez les revues spécialisées dans les inventions pour le monde et l'art de demain, et il vous tombera dans les bras. Evitez en chemin de dire que tout ça vous semble une vaste foutaise et qu'il ferait mieux d'investir dans quelque chose de solide qui a fait ses preuves... Et n'essayez jamais de poser un tampon de propriétaire sur son front...

POISSONS

Il vous raconte son monde imaginaire, et vous en devenez le géomètre. Pas pour l'enfermer dans des normes, non, juste pour lui baliser un peu cet aquarium géant où il se perd sans cesse... Vous voyez loin, très loin ensemble, et vous pouvez passer des soirées à ne rien faire apparemment, entièrement consacrées à cette aventure intérieure qui vous obsède l'un et l'autre. Faites de votre jolie limande-sole le centre de vos pensées, gavez-la d'attentions, elle adorera se laisser admirer comme une divinité païenne... Et puis le Poissons saura vous faire découvrir votre corps là où vous ne pensiez vraiment pas que de l'érotisme puisse se loger ! Mais ne lui parlez ni horaires, ni obligations ; ne vous fâchez pas de ses étourderies et n'essayez pas de le forcer à faire à votre manière... Cette sirène-là doit rester libre !

ÉROSCOPE

La libido d'un Capricorne a quelque chose de la Terre Promise : on vous promet le Paradis, mais seulement après la traversée du désert ! Il y en a que ça décourage d'emblée... Et pourtant, chacun peut pressentir que sous cette banquise, un vrai feu d'artifice érotique consumerait délicieusement le voyageur initié ! Le tout, c'est d'arriver à faire fondre la glace sans éteindre les flammes. Pour cela, il faut procéder doucement, amoureusement, sinon, c'est le crash, et au lieu des feux brûlants promis, vous vous retrouvez en train de jouer les poissons congelés entre vos draps. C'est qu'en fait, cette libido-là se mérite, l'idée de déguster un nectar rare attise le désir des courtisanes du Capricorne qui ne fait rien, mais alors rien de rien pour leur faciliter la tâche : il pourrait même les voir venir vers son lit à genoux sur du verre pilé, le sexe implorant qu'il n'offrirait pas au premier touriste venu le sésame de sa libido ! Il donne ainsi l'impression d'être un rocher qui a toute l'éternité devant lui avant de livrer son secret : il y en a que ça lasse... Lorsque vous essayez de le faire bouillir, ne vous attendez pas à des hululements de plaisir mal doublés : le Capricorne ne fait jamais semblant, et s'il s'enquiquine entre vos bras, il préférera prendre le journal et le lire à la page économique et sociale. Vous serez fixé... Et puis, si vous êtes un vrai chercheur de trésor, un jour, vous aurez l'illumination. C'est sûr : vous aurez l'impression de quitter cette dimension pour devenir un sexe géant et multiforme au pays de l'érotisme pur et très dur... ce jour-là, vous serez un initié. Un vrai. Et vous regarderez les autres pauvres mortels jouer à

ÉROSCOPE

touche-pipi en se croyant torrides avec un zeste de commisération. Pendant ce temps, votre demi-dieu de la zézette aura repris son masque neutre du quotidien... comme si de rien n'était... !

Vous aimez :
- Que l'on soit un vrai alchimiste de l'Amour, dosant savoir, patience et intimité avec une vraie intelligence.
- Les gens "nature" qui vous regardent dans les yeux quand ils s'adressent à votre tête, et dans les fesses quand ils s'adressent à votre désir.
- Etre surpris par une audace vraie, aussi torride qu'un soleil de plein été. Le grand jeu, quoi !

- Que l'on n'étale pas ses sentiments comme de la confiture sur une tartine : cette denrée précieuse se garde à l'abri des regards...

Vous détestez :
- Qu'on se maquille le sexe en grand tralala alors qu'on ne ressent pas grand-chose.
- Les flambeurs du sex-food, les rapides de la gachette, les séducteurs de Prisunic, qui se casseront l'érotisme sur votre placidité glaciale.
- Les bruiteurs de film hard qui se croient obligés au lit de vous passer une bande son à mi-chemin entre "la vie des animaux" et "tiens, v'la l'plombier pour la vidange !"

- Les érotomanes-Pampers qui veulent du cul premier âge avec de la tendresse plein le biberon.
- L'agitation qui fait tourner la séduction comme le lait tourne en beurre...
- Les bavards qui racontent aux copines comment vous leur avez fait le chinchilla à six pattes.

Les morceaux de choix de votre harem personnel :

Ah ! Quel rêve, cette Vierge ! Elle sait fouiller au fond de vous et vous extirper avec précision une jouissance inouïe ! Comme vous, elle aime l'ordre, l'amour au calme... et quel humour intelligent ! Vous avez en commun votre façon de faire banquise dehors et brasier dedans, mais cela, seuls les initiés peuvent le savoir... Cet autre vous-même, le Capricorne, saura vous comprendre et ensemble, vous vous procurerez des sensations rares que vous saurez l'un et l'autre parfaitement entretenir.

Juste pour une fois et peut-être plus :

Tout peut arriver avec un Sagittaire. L'enfer ou le nirvana. L'union serait idéale si l'argent n'existait pas. Arrêtez de lui parler de sous entre deux orgasmes, afin que vos étreintes ne deviennent pas des demandes de crédit de sa part ! Le Cancer vous agace avec ses façons de bébé boudeur. Pourtant, vous avez bien envie de le bousculer dans un lit... Le Verseau

lui vous charme, mais ses innovations sont souvent trop peu charnelles pour votre libido exigeante. Avec un Poissons, ça peut tenir la route : vous vous amuserez de l'imagination frétillante de ce poisson rouge et vous accepterez de renouveler régulièrement l'eau de ce bocal érotique.

Pour un long fleuve tranquille :

Vous le bonifiez, l'agressif Scorpion, et ensemble vous aurez des parties de fesses gaies et tendres. C'est ça le mystère des rencontres ! Le Taureau, lui, vous convient très bien : il a la patience de vous découvrir, quitte à se servir d'un pic à glace pour la calotte glacière dans lequel vous avez congelé votre sexe ! Avec le Bélier, l'union sera raisonnable et durable. Le hic, il orgasme déjà alors que vous n'en êtes qu'au début des préliminaires... Question de tempo, mais ça, ça se travaille !

A fuir :

Vous ne comprenez rien aux Gémeaux : ils vous donnent l'impression de faire l'amour avec un disque mis en soixante-dix-huit tours... Quant au Lion, il vous fait marrer avec ses manières de roi du plumard, le cul bordé de néon ! Vous, vous voulez faire l'amour avec autre chose que du strass... La Balance, elle, vous paraît impalpable, trop raffinée... Elle a l'érotisme diamant, et vous préférez l'érotisme silex.

LE DIVAN DU DOCTEUR ASTROFREUD

Dr. Astrofreud : *Je vous écoute…*

Capricorne : Qu'est-ce que vous voulez que je vous dise ? Soyez précis, mon vieux ! Je ne vais pas parler, comme ça, pour rien…

Dr. Astrofreud : *Justement, parlons-en ! Vous détestez la futilité ?*

Capricorne : Copieusement ! Je crois dans le silence. C'est plein de vie, un silence, il suffit de savoir écouter. J'ai une totale aversion pour le futile, le bavardage vain, l'inutile qui encombre…

Dr. Astrofreud : *Vous ne vous trouvez pas un peu trop sérieux, sévère ?*

Capricorne : Mais c'est la vie qui est comme ça, pas moi. Je me contente d'être lucide et de faire des choix… Celui qui bavarde pour ne rien dire perd son temps et celui des autres, et d'une certaine façon, joue à cache-cache avec lui-même. Moi, ça m'ennuie ! Les mots ont un poids, une valeur. Parler beaucoup, c'est provoquer une sorte de dévaluation de toute sa personne… Regardez, vous, votre rôle, c'est d'écouter et de parler peu : eh bien, vos honoraires sont en conséquence !

Dr. Astrofreud : *Vlan ! C'est vrai que vous ne mâchez pas vos mots ! Dans ce silence, ce retrait du monde, il n'y aurait pas aussi un peu de peur ? Vous vous protégez beaucoup, finalement…*

Capricorne : Et vous ne trouvez pas que quiconque ayant les neurones en place n'en ferait pas autant ? Je sais que je suis hypersensible : alors, pour ne pas avoir mal, tous les matins, j'enfile ma carapace ! Ça me permet de m'isoler un peu des grandes douleurs tout en les regardant en face ! Et de continuer à avancer… parce que j'ai besoin d'avoir un projet, une oeuvre à accomplir. Un destin, quoi…

Dr. Astrofreud : *Vous avez toujours été aussi maître de vous ?*

Capricorne : Oui. j'ai compris très jeune que pour ne pas se laisser envahir, notamment par les parents, il suffisait de regarder les autres du plus profond de soi, comme si on était dans une tour d'ivoire, invincible. Et de rester très calme, très posé, quoi qu'il arrive ! Une fois, mon père était fou de rage contre moi parce que j'avais éraflé sa voiture avec mon vélo ! Lorsqu'il a eu fini de tempêter, de me menacer, bref, de faire du bruit, je lui ai simplement demandé : "Concrètement, maintenant, tu attends quoi de moi ? " Ça l'a douché !

Dr. Astrofreud : *A vous entendre, on vous croirait aussi froid qu'un glaçon en balade sur la banquise… Mais j'ai entendu dire qu'au lit, vous étiez un volcan absolument sans concurrence…*

Capricorne : Là, cher docteur, c'est vous qui fantasmez…

20

ASCENDANTS

Pour affiner votre portrait sentimental.

CAPRICORNE
BÉLIER

C'est la contradiction du "jeune" Bélier avec le "vieux" Capricorne ; l'impulsion contre la diplomatie ! Ici, le Bélier apporte la force, le Capricorne le pouvoir ! Voilà du coup un natif autoritaire et dominateur aussi souple d'esprit qu'une chèvre de trois cents ans ! Ses colères redoutables sont la terreur de son entourage qui ne sait jamais vraiment sur quel pied danser avec lui, car il ne se laisse pas connaître facilement... Il vit ses sentiments avec fougue et une certaine dureté, sa passion est froide, lucide, maîtrisée ! Sincère, épris d'absolu, c'est un capricorne très à cheval sur "ses" principes...

CAPRICORNE
TAUREAU

Voilà un glaçon timide ! Si vous êtes amoureux d'un tel natif, vous risquez de voir arriver vos premières rides avant qu'il ne se décide à vous prendre la main... Cela dit, une fois décidé, rien ne le fera changer d'avis (pas même vous !), et il sera d'une fidélité à toute épreuve... et très longtemps, car il a une exceptionnelle longévité ! En fait, la vie sentimentale occupe une grande place et oriente le natif vers la stabilité sans en accentuer la possessivité. Il a besoin de solitude, de beaucoup de temps pour lui-même... Avec lui, vous ne manquerez de rien : il adore l'art, les plaisirs de la table et... ceux de la couette !

CAPRICORNE
GÉMEAUX

Si vous connaissez un tel natif, vous savez qu'il a un oeil laser, et qu'il vaut mieux ne pas être susceptible car en deux coups de cuillère à pot, il a l'art de brosser un portrait de vous critique et même souvent très dur... Il fonctionne avec sa tête bien plus qu'avec ses sentiments, et la voix de la raison sait doucher ses passions, dès qu'elles font mine de déborder. C'est un Capricorne encore plus cérébral que les autres, et aussi étonnant que cela puisse paraître, c'est un cérébral volubile, vif d'esprit et très sociable, ce qui tranche avec tous les autres Capricornes ! Il sera aussi nettement plus inconstant que les autres en amour.

ASCENDANTS

Pour affiner votre portrait sentimental.

CAPRICORNE
CANCER

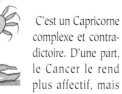

C'est un Capricorne complexe et contradictoire. D'une part, le Cancer le rend plus affectif, mais d'autre part, il ne sait toujours pas exprimer tout haut ce qu'il ressent au plus profond de lui-même ; ce qui n'est pas très confortable, d'autant que ses élans amoureux sont étouffés par la raison. Pourtant, comme un bon vin, il se bonifie en vieillissant, et il devient plus profond, plus affectif, et ose un peu s'épancher... Et tout l'entourage s'en réjouit fortement ! C'est aussi un tenace, un peu calculateur, qui puise à très long terme sans jamais dévoiler ses batteries...

CAPRICORNE
LION

Voilà un Capricorne qui préférera nettement être Napoléon plutôt que son valet : l'ambition ça le connaît, et ça ne lui fait vraiment pas peur. D'ailleurs, ce n'est plus de l'ambition, c'est carrément le vertige des hauteurs ! La force farouche et agressive du Lion peut enfin se déchaîner puisqu'elle a l'ancrage de la patience légendaire du Capricorne pour la servir. Mais ce désir d'altitude se fait au détriment de la vie privée : comme il n'y a que vingt-quatre heures dans une journée, si vingt-cinq sont consacrées à conquérir le monde, il n'en reste pas beaucoup pour vous conquérir vous, ce qui le rend d'un despotisme un peu pénible à supporter au quotidien ! Il cherche le partenaire idéal, et se prenant pour César, en fera sa Cléopâtre !

CAPRICORNE
VIERGE

Ces deux signes de terre se rejoignent facilement et sans heurts autour d'un certain sens pratique et d'un caractère prosaïque ! Autant dire qu'on n'a pas à faire à un rigolo ou à un je-m'en-foutiste un peu artiste... Au contraire, la froideur apparente de la Vierge, sa sobriété rend encore plus polaire la carapace de fermeté et de dureté propre au Capricorne qui va utiliser les facultés intellectuelles de la Vierge pour parfaire ses ambitions ! Ce natif, en dépit de cette énorme puissance de travail, n'a pas vraiment confiance en lui, et sa modestie, ses hésitations retardent ses élans affectifs et sa vie sentimentale. C'est un solitaire.

ASCENDANTS

Pour affiner votre portrait sentimental.

CAPRICORNE
BALANCE

Ce natif sera souvent d'une personnalité double : l'une ouverte, tendre, expansive, l'autre fermée, mais douée d'une très grande force intérieure. Ces deux facettes coexistent difficilement, et ce Capricorne-là montrera en alternance les deux visages qu'il possède en fonction des domaines où il évolue ! Inutile de préciser que celui qui vit avec une telle personnalité perdra souvent son latin, ne sachant plus dans cette Carte du Tendre où sont les zones fragiles et les zones solides comme du roc : dommage, car du coup, on peut faire souffrir ce natif en tablant sur ses apparences les plus fortes.

CAPRICORNE
SCORPION

Ce n'est pas franchement le plus simple de la famille des Capricornes... Sous une apparence de parfaite maîtrise de lui-même, il bouillonne intérieurement d'émotions vives prêtes à jaillir, comme d'un volcan, avec force violence ! Son affectivité est soumise à la lutte comme s'il s'agissait d'une guerre où il fallait toujours vaincre pour être aimé en retour, le tout parsemé de colères aussi brutales qu'une averse de printemps, et de crises de jalousie lui faisant soupçonner le moindre facteur comme un érotomane en puissance... Bref, c'est un compliqué ! Il recherche un Graal intérieur, et se sacre lui-même chevalier, choisissant d'être le héros de sa lutte intérieure et de vaincre ses propres monstres ! Passionnant mais ardu !

CAPRICORNE
SAGITTAIRE

C'est un passionné, un aventurier séduit par l'anarchie, la revendication : il veut l'impossible et encore plus, refusant de taire les forces énormes qui montent en lui et qui masquent un peu la tendresse et l'amour qu'il ressent mais trouve un peu impudiques. Ce n'est pas un tiède et il refuse les sentiments mitigés, persuadé que la vie est trop précieuse pour la laisser refroidir dans le médiocre ! Le Capricorne aide le Sagittaire à ne pas s'emballer pour des amourettes, et exige un label de qualité pour que le mécanisme de la passion s'enclenche. Il donne aussi de la fidélité à ce centaure généralement enclin à lutiner d'un amour à l'autre...

ASCENDANTS

Pour affiner votre portrait sentimental.

CAPRICORNE
CAPRICORNE

Quelle maîtrise de soi apparente ! Pourtant, le natif sait ses failles ; c'est un lucide qui se connaît mieux que le fond de sa poche : il se voit faire, et son esprit critique s'exerce avant tout sur lui-même, sans l'ombre d'une once de complaisance. Il se met sans cesse à l'épreuve, se jauge, se teste, se donne la chasse dans les moindres recoins de son inconscient. Evidemment, il se crée ainsi des angoisses à l'échelle de ses exigences ! Et ce n'est pas peu dire...mais personne autour de lui ne s'en rendra compte ! Il travaillera avec persévérance, perfectionniste à l'extrême, et capable de se surpasser sans cesse...

CAPRICORNE
VERSEAU

Ici, le Verseau libère le Capricorne de sa pesanteur, et lui donne des ailes pour survoler ses abîmes intérieurs ! Leur complicité est ainsi très positive, car si ce natif est toujours solidement ancré dans le sol, il est aussi un innovateur, un découvreur. La fidélité capricornienne trouve un écho positif dans l'altruisme du Verseau, et apprécie d'autant plus le don d'amitié qu'il possède. Par ailleurs, l'aspect plus charnel en prend un coup ! Il n'y a pas à dire, c'est vraiment la tête qui domine sur les sentiments qui ne sont guère intenses : toutes ces histoires affectives lui cassent franchement les pieds. L'amitié, ça lui semble bien plus tangible.

CAPRICORNE
POISSONS

Une alchimie mystérieuse que ce Capricorne-là, faite de la fluidité illimitée du Poissons et de la lucidité analytique du Capricorne. Parfois, ces aspects se heurtent, se blessent, mais le plus souvent, le natif surmonte ses contradictions, même s'il ne parvient que rarement à se débarrasser d'un petit fond de pessimisme qui le rend passablement dépressif et même un chouïa masochiste ! C'est aussi un hyper-sensitif qui a besoin de beaucoup d'amour et de tendresse, mais qui, dans l'impossibilité de communiquer ses sentiments, refoule sa sensibilité. Mais si le Capricorne est assez fort en lui, alors, il réalisera avec force les rêves du Poissons, et ce sera toujours extraordinaire...

FIDÉLITÉ...

En fait, on pourrait presque dire que le Capricorne est à sa façon un grand romantique : il croit aux serments échangés, à la force de l'amour... Mais il fait tache par rapport à la plupart de nos contemporains de la pub génération qui ne croient vrai que ce qui est répété cinquante fois par jour, alors que pour lui, dire une fois "je t'aime" devrait suffire pour être entendu et compris ! Donc, le Capricorne ne sera pas un noceur faisant de l'oeil à tous, de la crémière au poisson rouge, juste pour le plaisir de séduire ! Mais sous ses dehors distants, il calfeutre un Vésuve libidineux qui ne demande qu'à prendre la clé des champs... si l'enjeu en vaut la peine, et c'est comme le caviar : rare, et tellement bon ! Il ne se décidera à vous tromper qu'avec une rivale qui en vaille la peine, si ça peut vous consoler. Mais comme il déteste les changements, qu'il éprouve des remords à ces coups de canif dans le contrat, il peut sans problème créer une vie parallèle presque aussi légitime que celle qu'il vit avec vous ! Ainsi, il se sentira moins dans l'illégalité des sentiments et satisfera son goût - si j'ose dire - d'aller au fond des choses, lui qui déteste l'amour vite fait, mal fait ! Mais il sait extraordinairement bien garder ses secrets, et il y a donc très peu de chances pour que vous souffriez un jour de sa tromperie, puisque vous ne le saurez pas ! Il n'aurait aucun scrupule à vous tromper avec votre meilleure amie, ou votre soeur, souvenez-vous-en... Allez, pour que vous restiez son unique vulcanologue, faites-lui de belles et régulières irruptions force 10 ! Etonnez-le, sachez lui retirer régulièrement son manteau revêche d'ermite des hauts sommets, et il ne verra que vous...

... ET JALOUSIE

Qu'il est perspicace, ce Capricorne qui sait observer et tirer ses conclusions ! Il sera bien difficile de lui cacher une liaison... S'il est très amoureux, il sera profondément blessé : des années plus tard, il vivra encore dans la crainte de se faire tromper, abandonner, et son masque de froideur n'en sera que renforcé ! Il n'éclatera pas en une énorme colère. Il procédera par allusions, poussant aux aveux, jouant comme un chat avec une souris : et puis d'un coup, sa colère explosera. A froid ! S'il n'est pas très amoureux, c'est surtout son orgueil qui sera blessé, et là, il peut rechercher l'action d'éclat, et claquer la porte sans espoir de retour ! Dans ce cas, ne lui courez pas après, pour lui, vous n'existez plus ! Un Capricorne a une mémoire d'éléphant : vingt ans plus tard, alors que vous aurez vous-même presque oublié cet amant d'un soir, il vous demandera à brûle-pourpoint, comme s'il continuait une conversation : "... mais dis-moi, qu'est-ce qu'il avait de plus que moi, Tartempion ? "

MANIES ET TICS

Petites manies et vilains tics du Capricorne

■ Le Capricorne est un être de silence : il est tout à fait capable de passer une soirée entière près de vous sans vous adresser la parole !

■ Têtu comme une mule, le faire changer d'avis relève de l'exploit !

■ Pessimiste, mélancolique, il sait en deux phrases décourageantes casser vos plus beaux élans d'enthousiasme...

■ Froid, il a beaucoup de mal à comprendre que vous puissiez avoir envie de "câlins", "bisous", et autres enfantillages qui ne devraient pas subsister - selon lui - au-delà des 6 semaines du nourrisson...

■ L'ambition d'un Capricorne peut être démesurée ! Il est capable d'y sacrifier complètement sa vie affective, et donc la vôtre dans la foulée !

■ Son sens de l'économie peut le pousser à recompter trois fois une addition devant le serveur, même dans un grand restaurant. Et vous, en face, vous essayez de vous confondre avec la tapisserie...

■ Il n'a pas franchement le sens de la fête. Si vous avez réussi à le traîner à l'anniversaire de Sophie, vous pourrez le voir regarder sa montre très ostensiblement, dès 10 h et demie...

■ Le Capricorne a horreur de la précipitation. Mais si vous, vous êtes pressé, vous risquez de penser qu'il prend un malin plaisir à plier son manteau, à chercher ses clés... bref, à ralentir le mouvement là où vous auriez souhaité l'accélérer !

■ Il ne s'intéresse vraiment pas aux potins, même s'ils vous concernent ! A votre grande horreur, en plein milieu d'un récit de votre aventure de l'après-midi, il est capable de se lever pour aller chercher son journal et... d'oublier de revenir... Vexant, non ?

■ Peu aimable, il n'essayera pas de sourire à la crémière, ou de s'enquérir de la bronchite de la voisine. Pire, il peut même montrer assez ouvertement qu'il s'en fiche comme de l'an 40 ! Bonjour la réputation dans le quartier...

ENTENTE ENTRE LES SIGNES

Mariage, concubinage ou "couette à deux" passagère...

CAPRICORNE
BÉLIER

Il est tout simple ; vous, vous êtes un labyrinthe ! Mais vous avez en commun une énorme ambition et le goût de l'indépendance. A vous deux, c'est le feu et la glace... Il vous donnera des coups de corne, et vous ne bougerez pas d'un millimètre ; il vit dans l'instant mais vous... vous semblez avoir l'éternité devant vous ! Parfos il réussira à faire fondre votre manteau de glace, et là, vous vivrez ensemble des moments incandescents auprès desquels Kim Basinger dans *Neuf semaines et demie* fait figure de couventine boutonneuse et frigide... Bien sûr, il s'emballe et aimerait renouveler ces états plus souvent, alors que vous, vous n'êtes pas si pressé. Mais votre association tient à très long terme...

CAPRICORNE
TAUREAU

Sur la cheminée, l'adage "Patience et longueur de temps font mieux que force ni que rage" ! Voilà pour l'ambiance... Votre boulot passe avant tout ; vous fonctionnez l'un et l'autre dans le concret, construisant votre vie jour après jour, sans que la fantaisie ou l'imprévu soient franchement les bienvenus... A la longue, vous êtes devenu un peu plus démonstratif, oh, pas beaucoup, pour Noël et à son anniversaire : Byzance ! Il n'y a pas non plus de passion torride entre vous, mais un bonheur calme, avec beaucoup d'enfants et une grande confiance réciproque ! Et puis, ce Taureau éveille en vous des appétits sensuels que vous ne vous soupçonniez pas... Par ailleurs, votre banquier est un homme heureux avec vous. Chic...

CAPRICORNE
GÉMEAUX

Tiens, vous vous êtes quand même rencontrés ? En général, vous ne vous voyez même pas ! Il représente l'adolescence et vous, la sagesse de la vieillesse, le je-m'en-foutiste contre le sage, le prof ! Pourtant, vous le rassurez en lui donnant des racines contre lesquelles il fait semblant de se battre mais auxquelles il aspire finalement. Il vous trouve trop statique, trop conformiste, trop exigeant, trop terrien et vous, sa superficialité apparente vous épuise ! Vous rêvez de calme, de silence surtout (il est si bavard) ! Mais vous avez au moins une corde à votre arc : la capacité de gagner ensemble beaucoup d'argent...

ENTENTE ENTRE LES SIGNES

Mariage, concubinage ou "couette à deux" passagère...

Il représente la jeunesse, vous l'âge mûr : du coup, entre vous, c'est le conflit des générations, et vous vous attirez et vous vous repoussez en même temps ! Difficile de garder l'équilibre... C'est la tendresse face à la froideur, la symbiose face au détachement. Après ce bref portrait, vous vous doutez que l'entente à long terme n'est pas évidente. Il vous trouve si bûcheur, si sérieux, et l'humeur si peu primesautière... lui qui ne rêve que d'amours câlines et joueuses, c'est totalement raté ! Vous détestez ses enfantillages, vous voudriez le voir s'assumer, trouver une indépendance et vous essayez de l'aider à se structurer... Peu à peu, vous deviendrez son rocher de confiance pour qu'il devienne adulte : et il en sera heureux !

Là, ça passe ou ça casse ! Mais si vous tenez le choc, c'est que vous aurez découvert les avantages à vivre auprès de cet être que vous trouvez si orgueilleux, dépensier... et mondain ! Réfugié dans votre bureau, vous avez l'impression qu'il prend toute la place et dépense allègrement ce que vous vous évertuez à mettre de côté ! Comme si on avait besoin de ces trop beaux cadeaux. C'est gentil, mais... peu à peu, vous réussissez à lui faire réviser ses batteries et son compte bancaire ; le voilà plus organisé, et comme vous n'avez vraiment pas peur de ses rugissements, vous le forcez à tirer le meilleur de lui-même pour vous atteler ensemble à des projets vastes et passionnants. Allez, un bon geste, lâchez-lui un compliment de temps à autre...

Vous avez l'ambition, elle a la stratégie et la méticulosité : à vous deux, vous auriez de quoi conquérir un véritable empire financier... Auprès de vous, la Vierge sent qu'elle est comprise, et qu'elle peut enfin montrer ce dont elle est capable ! Vous, vous avez l'éternité devant vous, et elle, l'éternité ça lui semble quelque chose de tout à fait organisable... Elle, elle vous fait rire avec sa vision lucide et sans complaisance des faits et des êtres. Bref, vous vous retrouvez sur la plupart des grandes valeurs traditionnelles, et, même si votre vision des choses est souvent différente, vous adorez comparer vos points de vue : vous vous estimez, et c'est flagrant ! Et les râleurs qui pensent qu'entre vous, c'est d'un terne et d'un ennui achevés ne savent pas qu'au lit, avec vous, même le kamasoutra ressemble à une banale analyse médicale. Le rêve...

ENTENTE ENTRE LES SIGNES

Mariage, concubinage ou "couette à deux" passagère...

CAPRICORNE
BALANCE

Si la Balance se retrouve isolée dans les endroits de prédilection du Capricorne, du style désert, nid d'aigle, caverne au bout du monde, elle pique une dépression nerveuse au bout de deux heures grand maximum. Et si on plonge un Capricorne dans les mondanités légères, un peu frivoles qu'affectionne la Balance, il étouffera comme un Massaï prisonnier du métro new yorkais à six heures du soir : c'est peu dire ! Pourtant, sous la couette, c'est Byzance tous les soirs entre vous ! Mais vous êtes un peu trop possessif pour la charmeuse Balance qui a besoin de cette cour d'admirateurs que vous passeriez bien tous au pal ! Si ! Vous voudriez la mettre sous cloche, elle qui sait si bien vous donner envie d'abattre des montagnes, mais sous cloche, elle perdrait toute sa saveur... Laissez-la libre !

CAPRICORNE
SCORPION

Vous êtes vraiment ce qu'il fallait à l'inquiet et jaloux Scorpion : une assurance tendresse sur les vieux jours : garantie sans surprises et sans adultère ! Votre présence vous rend gais, étrangement, car ce n'est que lorsque vous êtes seuls tous les deux que cette étrange alchimie peut se produire. Avec les autres, le social, vous êtes bien plus réservés... Ensemble, vous voudriez tout voir, tout faire, et heureusement que vous savez le modérer un peu, votre fougueux compagnon, car sans vous, il se disperserait complètement ! Parfois, vous le regardez, et une petite lueur gourmande s'allume au fond de vos prunelles qu'il sait parfaitement interpréter : vous voilà dans la communication la plus agréable et que vous réussissez si bien ensemble : celle de l'érotisme !

CAPRICORNE
SAGITTAIRE

Votre couple peut devenir un must... ou échouer lamentablement. C'est comme si entre vous, il ne pouvait pas y avoir de demi-mesure. Vous représentez une forme de rigueur, de solitude ; lui, c'est l'esprit bohème, la vie amicale. Pourtant, vous adorez rire avec lui, et ses amis vous forcent à ne pas vous enfermer dans votre tour d'ivoire ! Vous serez exigeant, acharné même avec lui, et il adorera ça. Vous, sa joie de vivre et son immense culture vous combleront d'aise. Le problème épineux entre vous, ce sera l'argent : vous le trouvez d'une inconscience ahurissante, tandis qu'il vous traite de pingre ! Rien que ça peut déclencher entre vous des bagarres mémorables, surtout si le compte en banque se gèle en dessous de zéro ! Et pourtant, vous auriez de quoi être heureux ensemble...

ENTENTE ENTRE LES SIGNES

Mariage, concubinage ou "couette à deux" passagère...

CAPRICORNE
CAPRICORNE

Quand deux ermites se rencontrent, qu'est-ce qu'ils se racontent ? Des histoires d'ermites ! Et eux seuls peuvent en rigoler pendant des heures, pigeant au quart de tour des subtilités humoristiques, hermétiques au vulgus pecum... Ils s'organiseront une vie faite d'affinités électives, d'ambitions partagées où pas un ne songerait reprocher à l'autre de trop donner de temps à son travail, au contraire : pétris l'un et l'autre de la soif de réussir dans la perfection, ils se comprennent au quart de tour. Un petit hic quand même : n'essayez pas de trop conseiller et diriger l'autre, vous ne réussiriez qu'à établir un rapport de force : fichez-vous mutuellement la paix ! Et au lit... quel délice !

CAPRICORNE
VERSEAU

Vous détestez franchement sa façon d'agir ; d'ailleurs, vous n'y comprenez rien... Il change tout le temps d'avis, ne termine pas ce qu'il commence, et veut innover dans tout, même votre façon d'éplucher les pommes de terre lui paraît désuète au possible... Vous, vous avez besoin de long terme, de vous absorber dans le labeur corps et âme comme un moine recopiant les Ecritures... Et puis, cette façon qu'il a de s'entourer toujours d'une foultitude de gens soit-disant pour "discuter", alors que selon vous, on n'avance bien que... seul ! Et puis, vous avez beau lui donner des conseils, on dirait qu'il n'écoute pas, impossible de diriger un courant d'air : ça vous déprime... Et avec sa façon d'être toujours occupé, il n'est jamais disponible pour faire l'amour. Et ça, vous ne lui pardonnez pas...

CAPRICORNE
POISSONS

En voilà une union solide et durable ! Vous êtes silencieux, réservé, mais profond ; et ça, pour le Poissons qui cultive l'amour des profondeurs, c'est essentiel. Vous le sécurisez avec votre volonté granitique, comme une balise posée dans son déluge intérieur. Terre à terre, méthodique, vous savez organiser son flou, tout en admirant sans réserve tout ce qu'en lui vous ne savez pas contenir... Lui, il vous apporte l'intuition, le sens du "hors-limites", la puissance des forces instinctives. Bien sûr, vous n'allez pas vous transformer d'un coup en voyante extra-lucide, mais il vous permettra de sentir au quart de tour à quel moment il adorera être gratté sous l'orteil gauche, et pas ailleurs. Et ça, sous la couette, c'est vraiment le sens de l'essentiel...

VIVRE AVEC UN CAPRICORNE

La vie en famille

Le Capricorne aime la famille pour ce que les autres, très souvent, disent détester : ses règles, ses lois internes ; parce que cette structure lui semble la meilleure garantie sur une longue distance : les familles éclatées d'aujourd'hui le laissent totalement désorienté, perplexe ! A quoi bon fonder une famille si c'est pour la démolir ? Il ne voit pas cela sous un angle passionnel, mais plutôt comme une entreprise à long terme, faite pour offrir des garanties, et qui ne devrait pas être soumise aux vagues de l'émotionnel... Voilà une organisation, une société miniature, qu'il faut comprendre, gérer et... aimer : de la vraie politique en somme ! Et il se voit très bien en président élu à vie... Lorsque ses propres parents ne lui apportent pas la stabilité dont il a besoin, il se replie sur lui-même et traverse chaque conflit en se relevant à chaque fois, quel que soit le coup dur. Mais s'il n'y a pas trouvé l'affection calme et solide dont il a besoin, il se la donnera plus tard en fondant son propre foyer, fort de toutes les leçons apprises.

Les fiançailles

Pourquoi pas ? Cette institution un peu désuète plaît bien à notre Capricorne qui voit là une bonne clause de contrat à long terme : on s'engage une première fois, on se teste sur une certaine durée, on renifle la famille d'en face, bref, on essaie le matériel avant de l'acheter : quoi de plus normal ? En même temps, on se fait à l'idée d'une association plus longue ! C'est une sorte d'antichambre du mariage... Il n'aimera pas en

revanche organiser une fête à tout rompre : un peu d'intimité, que diantre ! A la rigueur un repas interminable en famille, s'il faut sacrifier à la tradition, mais c'est loin de toutes futilités qu'il vous offrira une belle bague, faite pour durer, elle aussi, comme ses sentiments ! D'accord, il ne se perd pas en longues déclarations enflammées : mais cette bague est là pour vous rappeler une fois pour toutes ce fameux "je t'aime" qu'il fait mine de ne plus savoir prononcer...

Le mariage

Encore une fois, le Capricorne ne recherche pas la passion tumultueuse dans le mariage : il ne mélange pas amour et sexualité. Le mariage se fonde sur un amour raisonnable, où chacun donne à l'autre la sécurité

VIVRE AVEC UN CAPRICORNE

de base dont il a besoin pour s'épanouir. Alors, les tumultes vaudevillesques, il laisse ça aux guignols du sentiment, cervelles distraites et fesses légères ! Lui, il recherche la joie des sentiments, une sorte de terreau où planter ses racines une fois pour toutes. Avant tout, il veut pouvoir étaler son silence sans être interrompu, et se détendre ou étudier à son rythme lent et solitaire. En épousant un Capricorne, vous ne donnez pas dans la soirée folichonne garantie à vie avec cotillons et champagne incorporés : lui, ce sera plutôt l'ermite dans sa tanière, silenceplage au quotidien... Mais c'est du béton, du roc, de l'inusable ! Sa tendresse sans flonflons vous accompagnera sans faillir, et en échange, vous devez lui garantir de ne pas lui casser les pieds avec des futilités agaçantes pour lui qui rêve d'éternité !

Et puis jetez un oeil sur son éroscope, vous serez totalement rassuré(e).

Quelle mère ?

Cette solitaire se retrouve bien surprise lorsqu'elle sent qu'elle est devenue deux ! A la fois désireuse de se préserver, bien à l'écart de toutes ces turbulences organiques qui sèment la zizanie dans l'ordonnance de son quotidien cellulaire, et en même temps dévorée de curiosité à l'égard de cette prodigieuse alchimie qui lui donne le pouvoir suprême, celui de créer la vie, la Capricorne se trouve plongée dans un abîme de contradictions ! Lentement, silencieusement, elle tissera avec son bébé à venir des liens invisibles, apprivoisant ce petit être comme on voudrait le faire avec quelqu'un que l'on pressent pouvoir un jour devenir

l'Ami ! Elle détestera la cohorte de petits malaises qui fleurissent tout au long de la grossesse : hypocondriaque, elle collectionnera les livres sur la grossesse, puis de puériculture, reconnaissant dans chaque rougeur un début de peste bubonique ! A tout le moins ! D'ailleurs, elle courra les spécialistes (des bons, pas des charlatans qui vous vendent du vent sous prétexte que c'est psychologique !) et ne sera rassurée qu'avec un bon vieux sirop à la mode d'autrefois qu'elle administrera à heure fixe et avec un air compétent ! Exigeante, elle le sera aussi dans ses rapports avec ses enfants, qu'elle a une petite tendance à surprotéger tout en leur inculquant des principes d'indépendance... En tous les cas, que personne ne s'avise de rôder auprès de sa progéniture, elle le dévorerait tout cru, et sans sommations... Efficace, présente, attentive,

VIVRE AVEC UN CAPRICORNE

madame Capricorne n'étouffe pas ses enfants d'étreintes à l'italienne, ni de déclarations passionnées ; elle ne les fera pas non plus crouler sous les cadeaux ou les sucreries ! Elle sera là, toujours, dès que le besoin s'en fera sentir, peu démonstrative, mais ô combien présente...

Quel père ?

Une muraille, un rocher, que dis-je, une montagne ! A l'ombre d'un papa Capricorne, on ne risque pas grand-chose... il est incontournable, un peu rigide sur les bords (c'est la contrepartie de sa solidité), souvent un tantinet sévère, protecteur et autoritaire à la fois... Il prend son rôle d'éducateur très au sérieux : souvent, à côté de lui, Jules Ferry est un petit rigolo anticonformiste. Si, si. Ne vous avisez pas de lui dire que le petit dernier a un bouton sur la langue, il déclencherait le plan Orsec chez ses amis médecins. On ne sait jamais. D'accord, un rocher, ce n'est pas d'une souplesse extraordinaire. Mais ça a l'avantage de résister aux plus grosses tempêtes. En donnant la main à un papa Capricorne, l'enfant a l'impression qu'une armée de Schwarzenegger marche à ses côtés et que rien de rien ne peut lui arriver, même pas de tomber de vélo ! Bien sûr, ce papa-là déteste qu'on piaille autour de lui quand il travaille, exige que la chambre soit rangée et que l'on mange à heures fixes. Bon. D'accord, il est accroché à ses principes comme une moule à son rocher. Mais à n'importe quel moment de la vie, le petit du Capricorne peut venir lui demander conseil, asile ou protection et trouver en face de lui l'ami le plus sûr et le plus fidèle qui soit. Pas un papa copain

VIVRE AVEC UN CAPRICORNE

(des copains, on en a plein et pas du tout à la fois !), mais un papa tout court. Un vrai de vrai. Il sera souvent maladroit avec les tout-petits, mettant la couche culotte à l'envers et le biberon sans la tétine. Evitez de vous payer sa tête, il déteste ça ! Dès que son rejeton aura l'âge de raison, ce sera plus facile.

Avec sa mère

A moins qu'elle ne l'ait battu comme plâtre et abandonné au coeur de la jungle, il entretiendra avec elle des rapports très respectueux. Si le rite veut qu'il passe Noël avec elle, il ira, même s'il doit traîner avec lui femme, belle-mère, progéniture et poisson rouge : il tient toujours ses promesses ! Il a la fibre familiale très développée, et vous aurez très régulièrement madame Mère à déjeuner ou à dîner ! Il aurait même une nette tendance à lui dire quoi faire, quoi manger, quand dormir, bref, à lui régenter la vie ! En revanche, il restera très discret sur sa vie privée : pas pour lui cacher, mais parce qu'il ne lui viendrait pas à l'idée de parler de lui de façon aussi intime ! Ce sera souvent à travers vous que madame Mère aura le plus de nouvelles de son fils (fille) ! Il n'aura de cesse qu'elle soit bien installée, lui trouvera dix médecins spécialistes "pour le cas où", et lui donnera tout l'argent dont elle pourrait avoir besoin. Un Capricorne "n'oublie" jamais sa mère dans un hospice pour vieillards.

VIVRE AVEC UN CAPRICORNE

Avec belle-maman

Madame votre mère trouvera sans doute un peu mufle ce Capricorne têtu qui ne la salue pas comme si elle était le Messie à chacune de ses entrées chez vous. Oh, il n'est pas impoli... mais juste assez distant pour lui faire comprendre que c'est " chacun chez soi ! " Le chantage affectif et les yeux de cocker ne trouvent chez lui aucun écho et se heurtent à un silence épais : de quoi décourager les belles-mères les plus envahissantes. Mais si la règle du jeu est bien comprise, s'il se sent respecté, le Capricorne baisse sa défense : de réprobateur, son silence se fera complice, et il ne verra plus votre mère comme une "visite obligatoire " à caser régulièrement dans l'agenda, au même titre que les impôts, mais comme une amie qu'il a plaisir à voir. Dès lors, le fait qu'elle soit votre mère devient accessoire, et c'est vous qui vous trouverez vieux-jeu avec votre sens de la hiérarchie familiale et vos vieux souvenirs !

Les copains

Le mot sonne à ses oreilles comme une crécelle : des copains, quelle futilité, quel bradage de sentiments ! Pour lui, il n'y a que les amis, les vrais, les indomptables, de ceux qui vous durent toute une vie quels que soient les modes et les discours ambiants. Il cherche la complicité secrète, comme dans les romans de chevalerie : on prête serment, on échange son sang... bref, on est loin du "Coco, on s'téléphone, on s'fait une bouffe ! " Evidemment, avec ces amis-là, pas question de faire n'im-

VIVRE AVEC UN CAPRICORNE

porte quoi : il faut être à la hauteur (de quoi ?), dépasser toutes les médiocrités, ne parler que pour énoncer des choses éminemment utiles... On comprend que les candidats se fassent rares, et que notre Capricorne ait préféré la solitude comme amie d'élection ! En fait, cette attitude exigeante finit par faire le vide autour de lui, sans qu'il le veuille vraiment : son esprit critique, sa lucidité, sont si aiguisés qu'il ne laisse rien passer. Il se rend vite compte de l'inconstance humaine et, ne la supportant pas, préfère vivre seul que mal accompagné ! Sectaire ? Peut-être ! Mais en tous les cas, il a le courage de ses opinions, ne fait jamais de ronds de jambes, et dit tellement ce qu'il pense qu'un compliment de lui devient aussi précieux qu'un diamant. Si ! En vivant avec un Capricorne, vous n'aurez pas l'impression de passer vos journées dans le métro à l'heure

d'affluence, c'est sûr ! Mais les trois ou quatre amis qui graviteront autour de vous seront des membres de la famille à part entière, une famille idéale, toujours présente, toujours aimante ! Ça change des copains "champagne-coco" qui vous adorent le temps d'une fête et qui disparaissent dès que votre buffet rationne le caviar... Un conseil : sauf cas de légitime défense, ne tapez jamais sur ses amis en paroles ou en action : il est plus rapide à divorcer de sa femme (ou de son mari) que de ses amis !

Les vacances

Qu'est-ce que c'est ? De quoi parle-t-on ? Lui qui n'est heureux que croulant sous la tâche se fatigue d'avance à l'idée d'être obligé de ne rien faire durant un mois entier ! Jouer le touriste japonais, voleur de superficiel,

40

VIVRE AVEC UN CAPRICORNE

voilà qui lui fait horreur : lui, il lui faut du temps pour comprendre, s'enraciner. Un voyage d'étude d'un an dans une ville ou au fin fond de l'Amazonie, quel plaisir... bien loin du repos ! Le mieux, si vous ne voulez pas l'entendre ronchonner à longueur de bronzette, replié frileusement sous un parasol, l'air furieux et la peau blême, c'est de lui organiser un antre où il pourra travailler du chapeau tant qu'il voudra. Surtout, n'organisez pas votre temps en fonction de lui : ses vraies vacances, c'est d'être tout seul, à son rythme, sans avoir de comptes à rendre !

Déco-look

Il aime l'ancien, le solide. Maison aux murs épais, encaissée dans un petit vallon, près d'une rivière, climat contrasté, bref, rien de mièvre ou de trop futuriste : il aime ce qui a fait ses preuves, résiste au cours du temps ! Tentures lourdes, meubles anciens massifs, lignes dépouillées et ambiance de monastère. Lorsque l'on entre chez un Capricorne, le lieu sent l'Histoire, les racines, le temps qui passe et l'étude longue et patiente. Si vous, vous avez besoin d'aérer, de moderniser, d'égayer, d'alléger... laissez-lui une pièce à lui où il pourra s'enfermer comme un alchimiste dans sa grotte. Il vous laissera volontiers votre décor design et moquette rose, tant que vous n'essayez pas de troquer son vieux fauteuil, son bureau Empire et sa cheminée qui fume un peu contre une table en verre fumé et un halogène... Et n'y faites pas le ménage sans y avoir été invité, chez lui, même la poussière doit être d'époque !

12 RAISONS DE VIVRE AVEC UN CAPRICORNE

 Mystérieux, il vous donnera toujours l'impression que vous avez tout à découvrir de lui, même après dix ans de vie quotidienne commune ! Il sait si bien préserver son jardin secret, qu'il a tout du ténébreux héros romantique.

 Le Capricorne est un être qui a de l'ambition et qui aime le travail : il assure donc très bien le côté matériel de la vie à deux.

 Enfin quelqu'un de ponctuel ! Vous ne l'attendez pas d'interminables minutes sous l'horloge où il vous a fixé rendez-vous.

 Il a l'art d'aller à l'essentiel : pas de danger de le voir se perdre dans des discours aussi pompeux que creux sur les choix politiques de la chèvre dans le Bas-Quercy !

 Le Capricorne veut avant tout le calme et la stabilité : ce n'est pas lui qui refusera une soirée tranquille en tête à tête, ou qui chamboulera tous vos plans pour partir faire la fête chez des "amis-d'amis"...

 C'est un véritable rocher qui vous sauvera de bien des tempêtes : il donne la sensation de pouvoir résister à un tremblement de terre force 10 !

 Sa libido ressemble à une omelette norvégienne à l'envers : froid autour, brûlant dedans... A déguster passionnément et avec abus !

 Loyal, il n'a qu'une parole : s'il vous fait une promesse, il la tient, même s'il doit pour cela démolir ses projets personnels.

 Avec lui, vous restez quoi qu'il arrive dans le règne de la mesure : pas de danger qu'il débarque dans votre bureau déguisé en pochette surprise, ou qu'il fasse une crise d'hystérie devant tous les voisins...

 En vivant avec lui, vous ne serez pas obligé de le suivre à la trace du désordre qu'il pourrait semer autour de lui. Au contraire, on pourrait croire qu'avec sa simple présence, chaussettes et revues se rangent toutes seuls à leur place. Miracle...

 Prévoyant (mais pas avare), il tient admirablement la comptabilité de la maison, sait comment obtenir l'argent de ses ambitions et ne le dilapide jamais dans des jeux de hasard : comme Corto Maltese, sa ligne de Chance, il la trace lui-même. Au couteau s'il le faut...

 Il pense ses amours à long terme et aime avant tout intellectuellement : s'il vous dit qu'il veut vivre avec vous, il y a de fortes chances pour que vous souffliez ensemble les bougies de vos 60 ans de vie commune...

DIX TRUCS DE SURVIE

Si vous partez sur le long terme avec un Capricorne

quelques bonnes copines bavardes
...rtée de téléphone, pour ses longues périodes
...utisme

Lancez-vous dans l'art de l'érotisme ; ça
vous permettra de réveiller le volcan qui
couve sous la glace.

Essayez d'être en bons termes avec sa mère :
c'est uniquement par elle que vous saurez s'il
aimait les épinards quand il était petit.

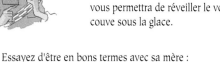

Ayez un chat ou un chien très très affectueux pour
combler vos terribles besoins de tendres câlins.

Faites une cure de futilité au moins une fois
par semaine, pour aborder avec concentration
ses profondes discussions.

Ayez un hobby qui vous absorbe, vous vous sentirez
moins inutile auprès de cet être qui semble n'avoir
besoin de personne.

Achetez un agenda électronique et faites sonner vos
rendez-vous avec lui suffisamment à l'avance pour
n'être jamais en retard : il hait l'inexactitude.

Faites des provisions de films des Marx Brothers,
de BD humoristiques : il entraîne rarement une franche rigolade.

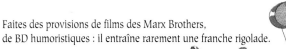

Enfin, gardez toujours un jardin secret où il n'aura pas
le droit d'entrer ! C'est la seule solution pour l'empêcher
de réguler toute votre vie en vrai petit tyran.

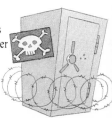

Assistez à des séances de pensée positive
afin que son pessimisme ne vous conduise pas
à la dépression nerveuse...

LE SAVOIR-ROMPRE

ROMPRE AVEC UN CAPRICORNE

Voilà un mot que notre chèvre des montagnes n'aime pas beaucoup employer : il évoque des chamboulements, des déracinements, bref, un raz-de-marée sur sa vie patiemment construite jour après jour ! N ' y a-t-il vraiment pas un moyen de faire autrement ? Pourtant, il est si difficile à vivre au quotidien avec ses réactions froides et distantes, cette insupportable façon d'opposer un mur de silence à tous vos élans, qu'il crée bien des drames, bien des éclats ! Et autant il peut jouer les huîtres lors d'un conflit, autant le feu qui couve en lui peut jaillir d'un seul coup et vous submerger de sa colère violente, cataclysmique : on ne sait jamais jusqu'où peut aller la colère d'un Capricorne qui a l'air de s'extirper du fond des entrailles de la terre... Evidemment, avec un caractère qui cherche aussi peu à plaire, à amadouer, à arrondir les angles sous prétexte qu'il faut rester "nature", les situations de rupture finissent par débouler ! Et c'est là qu'il réagit étonnamment, en faisant le roseau qui plie sous la tempête... Déjà, vous n'osiez pas franchement lui en parler. D'ailleurs, il l'avait senti, puisque depuis au moins deux semaines vous n'arriviez pas à lui parler en tête à tête : il y a toujours quelque chose... C'est sûr, il retarde l'arrivée de l'orage, et il sait bougrement bien s'y prendre... Il a consenti à vous sourire un peu plus que de coutume, et pousse même jusqu'à articuler plus de cinq phrases au cours de la même soirée : un vrai déluge verbal ! Visiblement, il essaie de vous amadouer. C'est incroyable comme il ressent tout ce que vous pensez, à croire qu'il a mis un microphone dans votre cervelle pour décoder 24

LE SAVOIR-ROMPRE

heures sur 24 le bouillonnement de vos neurones... Si vous réussissez à lui parler, ne vous attendez pas à des cris de désespoir, ni à le voir se rouler sur la moquette en vous hurlant "I love you, babe" à fendre l'âme ! Non ! Il restera stoïque, froid, et continuera à se verser son verre de whisky sans trembler, dans la plus pure tradition des séries policières américaines : du sang-froid, de la distance avant toute chose ! Il vous demandera poliment quand vous comptez libérer la chambre, histoire de s'organiser, et si vous avez un bon avocat pas trop cher, parce que c'est vraiment idiot de jeter l'argent par les fenêtres ! Et ça, c'est très fort : parce qu'il vous montre à quel point il peut vivre sans vous, et vous donne une vision assez claire de "l'après-vous" ! Votre ego risque de se sentir bafoué, ignoré, bref, c'est très désagréable, ce manque d'insistance à vous retenir ! Ensuite, il fera comme si vous n'existiez plus, histoire de vous mettre le nez dans un quotidien désorganisé sans lui : et c'est là que vous verrez à quel point ses compétences silencieuses vous étaient indispensables : fisc, papiers de tout poil, placements, assurances, il fera tout pour vous prouver concrètement que son territoire dans votre vie était bien plus étendu que vous ne le pensiez... Souvent, c'est à ce niveau qu'il gagne ! La passion indépendantiste s'émousse vite face à l'éléphantisme aigu d'une telle réorganisation de vie, ou alors il faut que vous le quittiez pour quelqu'un d'aussi capable que lui. Et comme il vous le souligne un peu pesamment : "La passion, c'est bien beau, mais dans dix ans, ça sera largement retombé, tandis que les impôts, eux, seront plus que jamais présents ! " Si tout cela ne

vous émeut pas, il tentera mille moyens pour vous retenir : souvenez-vous-en, c'est peut-être un froid, mais c'est avant tout un tenace, un obstiné qui refuse totalement l'idée de l'échec et fera tout pour l'éviter. Même vous enlever la veille du jugement de divorce pour que vous ne puissiez pas signer ces foutus papiers...

Et si vraiment il n'y a rien à faire, vraiment rien, il se refermera comme une huître, blessé à mort mais sans se plaindre, et deviendra l'être le plus mysanthrope que la terre ait pu porter : comme les éléphants, les Capricornes n'oublient jamais leurs plaies et ne se remettent jamais dans la position de souffrir une deuxième fois. Alors pesez bien votre décision, car s'il vous a été difficile de partir, il vous sera impossible de revenir : il aura rayé votre nom de son univers. Et vous vous heurterez à l'être le plus froid qui soit !

LA RUPTURE SELON LE CAPRICORNE

C'est un grand ennemi du choc affectif : il sait qu'il y laisse trop de plumes ! Dès lors, il se forgera une attitude indifférente, lointaine, pour éviter de s'engager émotionnellement et d'avoir un jour à subir de front une brisure affective qui l'amputerait du désir de vivre... On peut donc dire que le Capricorne prépare ses ruptures très longtemps à l'avance, pour être à peu près assuré, avec une politique du pire, de ne pas avoir à trop en subir les conséquences : bref, il se protège ! Il va donc tout faire pour ne pas avoir lui-même à vous signifier votre congé : et avant tout, de la prévention ! Si un Capricorne est connu pour pouvoir rester

LE SAVOIR-ROMPRE

une vie entière avec le même partenaire, c'est qu'il a fait une bonne étude de marché avant de se lancer dans le produit Mariage ! Pas d'emballements sexuels qui baillent dès les premiers signes d'amollissement fessier, pas de passions de jeunesse qui retombent à la première ride, il investit dans l'union à long terme avec la circonspection d'un petit épargnant pensant à sa retraite ! Ça ne veut pas dire qu'il n'aime pas, bien au contraire : il veut aimer sur la distance... Il s'arrange aussi pour ne pas avoir à rompre pour une banale histoire passionnelle ! Il sait qu'au fond, à long terme, elle s'émoussera, et préférera la vivre avec la discrétion d'un Sioux avant l'attaque de Fort Alamo (pas question de se priver sur les choses importantes !). Pourquoi rompre quand on peut tout avoir ? Un Gémeaux qui papillonne d'un coeur à l'autre ne pourrait pas tenir la distance, mais lui, le Capricorne, il peut tout à fait vivre une double vie, il sera fidèle à chacune sans faillir ! Et c'est cette fidélité qui le rendra insoupçonnable... Si vraiment la vie commune n'est plus possible, plus supportable pour lui, alors il aura encore des idées pour éviter de tout bouleverser : aménager le grenier en petit appartement pour lui, comme ça, pour les enfants, pour le banquier, pour la crémière et même pour le poisson rouge, rien n'aura vraiment changé... Au fond, se faire quitter par un Capricorne, c'est un pari difficile à gagner !

PORTRAIT CHINOIS

Si c'était un pays : l'Afghanistan, la Bolivie, la Bulgarie, l'Inde, la Saxe, la Sibérie, le Tibet.

Une Ville : Bruxelles, Constance, Malines, Oxford, Port Saïd...

Un parfum : l'encens, la myrrhe, l'aloès, le lilas, le genêt sauvage, le benjoin, le santal, le chèvrefeuille.

Une couleur : noir, marron teintes en clair-obscur, le vi le vert, le rouge foncé.

Un animal : l'aigle, le chien, le cheval, le chameau, le scarabée, le tigre, la tortue.

Une pierre : le silex, l'onyx, l'ambre, le jais, le grenat, l'améthyste.

Une plante : l'orge, le thym, le coing, le lierre, le céleri, le houblon, le radis, la chicorée...

Bon jour : samedi.

Mauvais jour : lundi.

Une planète : Saturne. Verlaine a bien traduit l'aura romantique un peu sombre de ceux qui sont marqués par cette planète, dans ses poèmes "les Saturnales".

Un chiffre : le 8, 18, 28, selon la symbolique numérale adoptée par les cabalistes.